L'ORGANISATION

DE

LA LIBERTÉ

Conférence faite au Cercle Voltaire de Bordeaux

le 12 Juin 1897

PAR

M. YVES GUYOT

Ancien Ministre

BORDEAUX

IMPRIMERIE G. GOUNOUILHOU

11, rue Guiraude, 11

1897

L'ORGANISATION

DE

LA LIBERTÉ

———

Conférence faite au Cercle Voltaire de Bordeaux
le 12 Juin 1897

PAR

M. YVES GUYOT

Ancien Ministre

———⋖○⋗———

BORDEAUX

IMPRIMERIE G. GOUNOUILHOU

11, rue Guiraude, 11

1897

Conférence de M. YVES GUYOT

Le Cercle Voltaire, fondé à Bordeaux il y a vingt ans pour propager les idées républicaines, fidèle à sa mission, organise chaque année une série de conférences très suivies.

Il a eu l'heureuse pensée, en vue des élections prochaines, de s'adresser, cette année, aux maîtres de la parole, aux orateurs qui honorent le plus le parti républicain en France.

Après MM. Deluns-Montaud, député, ancien ministre; Étienne Déjean, député des Landes; de Lanessan, ancien gouverneur général de l'Indo-Chine, c'est M. Yves Guyot, ancien ministre des Travaux Publics, qui venait faire, le 12 juin, dans les salons du Cercle Voltaire, trop étroits pour contenir les auditeurs accourus pour l'entendre, une conférence sur l'*Organisation de la Liberté*.

Une grande partie des notabilités du monde politique de Bordeaux et de la région, répondant à l'invitation du Cercle, avait tenu à assister à cette imposante manifestation républicaine.

M. Olagnier aîné, ancien conseiller général, président du Cercle, en quelques mots heureux, présente à son auditoire l'éminent conférencier; il retrace rapidement les titres nombreux que M. Yves Guyot s'est acquis à la reconnaissance des vrais amis de la Liberté et de la République, notamment par sa campagne courageuse contre le socialisme collectiviste. Puis le conférencier prend la parole, fréquemment interrompu par les applaudissements de l'assistance.

L'ORGANISATION

DE

LA LIBERTÉ

Messieurs,

Je remercie tout d'abord de ses paroles trop aimables M. Olagnier, président du Cercle Voltaire, et je vous témoigne tous mes regrets de n'avoir pu venir que le 12 juin à Bordeaux, au lieu de venir au mois de mars. Je vous suis reconnaissant d'avoir bien voulu vous réunir ce soir, alors qu'il fait si beau dehors, pour venir entendre une conférence qui, je vous en préviens, n'aura rien de très pittoresque ni d'amusant. Vous n'entendrez pas des phrases ronflantes ni des métaphores. Les métaphores sont très brillantes : c'est de la musique; mais la musique n'a rien à faire avec la politique. Nous nous sommes, pendant beaucoup trop longtemps, payés de mots; nous nous en payons trop souvent encore; et, actuellement, ce qui importe, c'est d'examiner les faits eux-mêmes et les idées dépourvus de toute espèce d'ornements accessoires.

La Liberté et l'Anarchie

Messieurs, il y a tant de préjugés qui obscurcissent encore les questions de liberté, que je vais me permettre de commencer par une citation de M. Ranc, qui est un homme intelligent à coup sûr, perspicace, vieilli dans la politique, très sincère républicain. M. Ranc écrivait dans un article de la *Dépêche,* le 12 octobre 1895, ceci :

« Mon ami M. Yves Guyot se hérisse au seul mot de socialisme. Je reconnais qu'en sa qualité d'économiste, de forcené partisan du laissez-faire, du laissez-passer, il a toujours été l'adversaire du collectivisme et du socialisme d'État; mais, théoriquement, sans qu'il s'en doute, ou peut-être s'en vante-t-il, il n'est pas éloigné de la pure doctrine anarchique. » M. Ranc voulait bien ajouter : « Je ne parle pas, bien entendu, de la propagande par le fait. »

Eh bien! ce petit paragraphe de M. Ranc explique et montre quels préjugés peuvent encore exercer certaines idées et certaines préventions. On confond — et je parle ici d'un homme intelligent, qui connaît exactement la valeur des termes — le mot individualisme avec le mot d'anarchie.

Cependant, j'ai prouvé, quand j'étais au pouvoir, que je n'étais pas anarchiste; que j'entendais et savais gouverner. Il est vrai que j'ai eu quelques relations dans ma vie avec les anarchistes. Elles ont même été fort touchantes. Le 11 mars 1883, il y avait, salle Rivoli, une réunion de maçons; un certain nombre d'anarchistes s'y trouvaient pour essayer de les entraîner à une manifestation organisée par Louise Michel. Je m'y rendis. Comme les maçons m'écoutaient avec intérêt et sympathie, les anarchistes se jetèrent sur moi. Je fus délivré par les maçons; j'en fus quitte pour garder la chambre pendant quelques jours; et, des amis ayant bien voulu m'offrir un banquet à la suite de cet incident, je portai le toast suivant : «La Liberté n'est pas seulement un mot à inscrire sur la façade de nos monuments, à répéter machinalement, comme les dévotes répètent leur *Ave;* ce qu'il s'agit de faire actuellement, c'est d'organiser la liberté.

» C'est cette tâche difficile, vers laquelle nous portent des aspirations plus ou moins définies, qui crée nos agitations et nos crises. Il est plus facile de faire des arrangements d'autorité que de résoudre les questions par la liberté. Il a été beaucoup plus aisé à des gouvernants de déclarer des guerres commerciales et d'établir des tarifs protecteurs que de découvrir la théorie du libre échange, et même, une fois découverte, de la comprendre. Au point de vue religieux, au point de vue civil, au point de vue de la sécurité intérieure ou extérieure, nous n'avons pas encore une conception nette de la politique de la liberté. Cette politique a pour but de substituer aux rapports factices des choses entre elles les rapports naturels. Il suffit de la volonté d'un homme ou de plusieurs hommes, de lois, de décrets, d'arrêtés, de règlements, pour établir les premiers; tandis que, pour connaître les seconds, il faut une longue application, la patiente et persévérante étude, la méthode qu'exige toute science. Je bois à la science de la liberté!»

La Liberté et la Santé

Certainement, il y a des personnes qui s'occupent de cette science de la liberté; mais il y en a bien davantage qui disent: «La liberté? qu'est-ce que c'est que cela?» Lorsque nous leur parlons de liberté: «La liberté, répondent-elles, c'est une vieille guitare; c'est une solution négative!» Oui, en effet, quand on en jouit, la liberté apparaît comme quelque chose de négatif; on ne s'aperçoit que la liberté a une valeur que lorsqu'on en est privé. (*Applaudissements.*) On ne s'aperçoit aussi que la santé a une valeur que lorsqu'on est malade. Et pour conserver la santé, qu'est-ce qu'on vous dit? On vous dit: « Il faut tenir certaines règles de conduite morale; il faut être sobre, chaste; il faut refréner ses penchants; il faut faire de l'exercice; il faut contrarier un certain nombre des tendances auxquelles vous êtes prédisposé.» C'est un appel à la volonté, à l'énergie, à la décision de chaque

individu. L'individu faible le méprise. Lympha-
tique, au lieu de faire de l'exercice, il se laisse
aller au repos. Après avoir méprisé ces conseils,
il devient malade ; alors il demande des conseils
à tout le monde : il est prêt à se fier au premier
remède de bonne femme ; il est prêt à croire au
premier charlatan qui lui assurera qu'avec une
petite formule il le guérira sans que lui-même
ait à faire d'efforts ; il est prêt à se fier à tous les
marchands d'orviétan ; il prend de la thériaque ;
il absorbe les drogues les plus dégoûtantes ; il
s'empoisonne, et il demande la santé à tout le
monde, comme, citoyen, il demanderait la liberté
à tout le monde, le jour où il l'aurait perdue.
(Applaudissements.)

La liberté et la santé sont cependant deux
biens très positifs, exactement comme la respiration. Nous respirons mal ce soir. Vous allez,
dans quelques instants réclamer le grand air et
la liberté de la respiration. *(Rires.)* Un individu
qui n'est ni étranglé ni étouffé trouve que la
liberté de la respiration, ce n'est rien. Cependant
c'est bien quelque chose, car s'il en est privé
quelques instants, il meurt.

Un de mes anciens collègues, à peu près de
mon âge, me disait un jour, quoique je ne
vienne que de doubler le demi-siècle : « Nous
sommes des ancêtres ! » Oui, sous certains
rapports. Il y a dans la jeune génération beaucoup de gens qui ne se rappellent pas l'Empire ;
qui ne se rappellent pas le 24 Mai, le 16 Mai ;

qui ont toujours joui, somme toute, d'une liberté
qui n'est pas complète, au point de vue de la
législation, mais qui, en pratique, est très suffi-
sante. Si ces jeunes gens connaissaient les
phases par lesquelles nous sommes passés;
s'ils se rappelaient le moment où il était impossible de fonder un journal sans avoir une autorisation; où il y avait un monsieur en redingote
qui venait dire au journaliste : « Vous ne parlerez
pas de telle chose ou de telle autre, et si vous ne
tenez pas compte de mon avis, au troisième
avertissement le journal sera supprimé. » S'ils
savaient que, même après la loi de 1868 sur les
réunions, nous étions obligés de défendre pied
à pied le droit de réunion privée; s'ils se rappelaient les périodes du 24 Mai et du 16 Mai,
pendant lesquelles nous avons subi des persécutions de tout genre, persécutions policières
qui compromettaient l'existence, les intérêts de
tous les électeurs suspects d'indépendance, ils
comprendraient que, si nous avons eu quelque
peine à fonder un régime de liberté, ils doivent
s'attacher à le conserver. *(Applaudissements.)*
Nous voyons actuellement une foule de gens
qui font bon marché de la liberté et, devant
chaque difficulté qui se présente, réclament une
mesure de police et une nouvelle intervention
de l'autorité. Ils voudraient faire de la liberté
politique que nous avons conquise un instrument de servitude économique. Partout vous les
voyez réclamer de nouvelles inspections, puis

des inspecteurs pour surveiller les inspecteurs ; et quand on leur en a accordé un certain nombre, ils se plaignent qu'ils ne fonctionnent pas à leur gré, ils les suspectent ; ils déclarent qu'au lieu d'être nommés par l'État, ils doivent être délégués par les ouvriers et, comme dans certaines villes, les conseillers prud'hommes, avec mandat impératif d'obéir aux ordres qui leur seront donnés contre les patrons. *(Rires.)* Ceux qui demandent avec le plus d'énergie et de violence que l'État se mêle de tout, intervienne dans tout, ce sont ceux qui montrent le plus de méfiance à l'égard de tous les agents du gouvernement, depuis le Président de la République jusqu'au plus humble garde-champêtre. *(Approbation.)* Ils ne cessent de les soupçonner, de les dénoncer, de les accuser de concussion, de trahison... et en même temps ils demandent qu'on multiplie les fonctions, par conséquent, les fonctionnaires suspects, ce qui est illogique.

Les socialistes, qui réclament toujours une nouvelle extension des attributions de l'État, font du soupçon la première de leurs institutions. C'est par là qu'ils se manifestent. S'ils sont soupçonneux, ils ne reconnaissent pas que plus on augmentera les attributions de l'État, plus les soupçons auront de raison d'être, et que, par conséquent, il est de l'intérêt de la moralité publique, dont ils se prétendent les jaloux défenseurs, de diminuer les cas de soupçonner les fonctionnaires, y compris le Président de la République et les Ministres, en diminuant leurs attributions. *(Rires.)*

L'évolution des idées de liberté et de propriété

Messieurs, je vous demande pardon si je vais remonter fort loin ; mais je crois qu'il est nécessaire, surtout en ce moment, de nous orienter suivant certaines grandes lignes politiques tracées d'après l'évolution générale de l'humanité à l'égard de la propriété et de la liberté.

En vertu de la vieille habitude qui faisait croire que l'âge d'or avait brillé au début de l'humanité, Rousseau et quelques autres publicistes du xviiie siècle ont considéré que les hommes avaient tout d'abord joui de la liberté et de la propriété. Ce n'est pas exact. La propriété et la liberté sont deux notions très modernes. Dans toutes les civilisations antiques, la liberté individuelle n'existait pas ; on n'avait que la liberté collective, qui s'appelait indépendance. A coup sûr, l'indépendance est bien quelque chose, car il ne saurait s'agir d'aucune forme de liberté alors qu'un peuple est opprimé par un autre. Le patriotisme est la première forme de la liberté, et nous devons, plus que jamais, nous Français, considérer que la sécurité extérieure et que nos revendications patriotiques doivent faire partie du programme républicain. *(Applaudissements.)* Un peuple ne peut accepter, sans subir de déchéance morale, une mutilation; et s'il ne doit pas faire du patriotisme de grandes phrases et de panache, il doit toujours penser qu'une nation doit rester entière; que, si elle est mutilée un jour, il doit préparer le moment où elle devra redevenir complète. *(Applaudissements prolongés.)*

Messieurs, c'est grâce à cette forme collective de la liberté, qui s'appelle l'indépendance nationale, que les républiques antiques ont pu se conserver et grandir. Quant à la propriété, les hommes n'ont pas le moins du monde commencé par avoir la notion de propriété individuelle; leur personnalité n'était pas assez accentuée pour y ajouter la notion de propriété. Les hordes anarchiques des Fuégiens, des Weddahs n'ont point le sentiment de la propriété. Il s'est développé lentement; peu à peu, il est arrivé à se formuler à la fin du droit romain. Pendant le moyen âge, il y a confusion complète entre la souveraineté et la propriété. Chaque individu était inféodé au sol; chaque individu était inféodé à un autre individu; et quand la monarchie a englobé la féodalité, le roi, aussi bien Henri VIII en Angleterre que Louis XI en France, que Louis XIV et Louis XVI, a considéré qu'il était propriétaire de toute la nation. Il y avait une confusion complète entre le domaine privé et la propriété de la nation. La confiscation est l'instrument de gouvernement qui représente cette conception. Dans les États orientaux, les confiscations sont encore considérées comme un instrument de règne et d'administration. La notion de la propriété individuelle ne s'est réellement bien dégagée que lors de la Déclaration des Droits de l'Homme, en 1789, qui avait été préparée par la longue incubation des légistes, des philosophes, des physiocrates; mais, pour la première fois dans l'histoire du monde, — c'est une chose dont nous devons nous rappeler, — l'affirmation de la propriété individuelle fait partie des principes de 1789. On a alors déclaré que nul ne pourrait être exproprié sans une juste et préalable indemnité. De plus, le propriétaire a acquis la liberté de la propriété. L'article 1er du Code rural de 1791 déclare que « le territoire de la France dans toute son étendue est libre. Toute propriété territoriale ne peut être sujette envers les particuliers qu'aux redevances et aux charges dont la convention n'est pas défendue par la loi, et envers la Nation qu'aux contributions publiques établies par le Corps législatif, et au sacrifice que peut exiger le bien général, sous la condition d'une juste et préalable indemnité. Les propriétaires sont libres de varier à leur gré la culture et l'exploitation de leurs terres, de conserver à leur gré leurs récoltes. »

Nul ne peut être privé de sa propriété sans indemnité préalable; toutes les terres sont égales devant la loi, chacun peut les cultiver comme il l'entend; nul n'est tenu de rester dans l'indivision; nul ne peut plus être saisi par la terre.

Voilà l'œuvre de la Révolution française à l'égard de la propriété. *(Applaudissements.)*

Je rappelle ces principes de 89 avec d'autant plus d'insistance qu'on les a plus plaisantés et critiqués depuis un certain nombre d'années. On a répété les arguments de Bentham, que n'a fait que commenter Taine; et des jeunes gens, plus ou moins bourgeois de nom, plus ou moins prolétaires d'origine, ont pris comme attitude une déclaration de guerre à la Déclaration des Droits de l'Homme, comme si, descendants des croisés, ils avaient un intérêt personnel à combattre les principes de 89, qui leur auraient volé quelque chose? *(Rires.)* On demandait ce que c'étaient que des droits, oubliant que d'Holbach avait dit: « Les droits de l'homme consistent dans le libre usage de ses volontés et de ses facultés, » et que Benjamin Constant en avait depuis longtemps donné la définition suivante : « Ce que les hommes appellent des droits, c'est la conscience de leur individualité. » On peut critiquer quelques détails de forme dans la Déclaration des. Droits de l'Homme, mais c'est tout.

C'est sur ces principes de 89 que repose tout le droit moderne. Toutes les nations, dans leur évolution pendant le XIXe siècle, se sont réclamées d'eux ou ont subi leur influence; chaque progrès qu'elles ont fait n'a été que l'application nouvelle, ou plus complète, ou plus nette, d'un des principes de 89. Quand un peuple a eu la gloire, à l'aurore du xixe siècle, de faire un acte non seulement national, mais qui a eu une répercussion sur le monde civilisé tout entier, nous avons tort de traiter avec tant de dédain cette œuvre qui est nôtre et qui date comme une ère nouvelle dans l'histoire de l'humanité. *(Applaudissements.)*

Jusqu'en 1787, Louis XVI disait : « C'est légal, parce que je le veux ! » Toute séparation des pouvoirs était inconnue ; le contrôle de l'Administration publique n'existait pas ; le consentement de l'impôt et le contrôle des finances étaient nuls. La Révolution a proclamé la séparation des pouvoirs, le contrôle des administrations publiques, le consentement de l'impôt et le contrôle des finances ; elle a proclamé l'impôt réel, proportionnel, perçu au profit de l'État sans privilège.

A coup sûr, la liberté individuelle qui nous est garantie par nos codes, n'était pas une liberté négative pour les hommes de 89, car ils savaient que, la veille, bourgeois, vilains et roturiers pouvaient être envoyés au Fort-Lévêque ou à Bicêtre, sans aucune espèce de cérémonie ; et, s'ils étaient nobles, à la Bastille ou à Vincennes. Et si nous améliorons notre code d'instruction criminelle pour augmenter les garanties de la liberté individuelle, ce n'est pas pour contredire, mais pour compléter la Déclaration des Droits. La liberté de conscience n'était pas une chose vaine pour eux; ce n'était pas une liberté négative, car beaucoup d'entre eux avaient pu assister en 1772, dix-huit ans auparavant, au supplice du chevalier de La Barre; en 1780, il y avait encore des protestants qui pourrissaient dans la tour Constance, à Aigues-Mortes. La liberté de penser n'était pas une chose vaine non plus, alors que, la veille encore, un colporteur, pour avoir offert un exemplaire du *Dictionnaire philosophique,* pouvait être envoyé aux galères. La liberté de la parole était nulle, puisqu'il n'y avait aucune liberté de réunion, et que les conversations entre particuliers pouvaient être dénoncées et conduire dans une prison d'État, sinon plus loin. La liberté du travail était écrasée par les règlements de Colbert et par les corporations, dominées par les jurés, qui écrasaient les maîtres qui écrasaient leurs ouvriers, alors appelés valets, et traitaient leurs apprentis en véritables esclaves. La loi n'était pas une pour tous, puisqu'il y avait des juridictions privilégiées pour les nobles et pour les prêtres. Ces conquêtes de 89 ont été si complètes qu'on en a oublié l'importance. Le centenaire de 89 manquait d'actualité, puisque les générations actuelles ne peuvent se rendre compte par elles-mêmes de la grande œuvre qu'ont accomplie nos pères. Chose curieuse! pour célébrer le centenaire de 89, nous avons vu éclore un certain nombre de propositions de la loi qui avaient pour but de refaire une législation de castes, de compartiments, au

3.

mépris du principe de la loi une pour tous. Quant
à la liberté du travail, elle est menacée sous toutes
ses formes; à tous les instants on la combat;
et cependant, s'il y a une conquête qui ait
mérité la reconnaissance du monde moderne,
c'est celle-là, à coup sûr: c'est la plus précieuse
de toutes pour l'homme, car c'est la reconnaissance de son droit à employer ses forces intel-
lectuelles et musculaires comme il lui convient,
d'après sa propre décision, pour gagner sa vie.
Quant à la liberté politique, il y a beaucoup de
gens qui en font fi. Cependant la liberté politique est la garantie que le pouvoir central ne
disposera à son gré ni des personnes, ni des
biens, ni des destinées du pays : elle renferme
toutes les autres libertés qui, sans elle, ne peuvent être que précaires. Ce sont là des conquêtes
sérieuses. *(Applaudissements.)* Cependant il y
a une chose qui manquait complètement et qui
manque encore à la Déclaration des Droits de
l'Homme de 1789. Nous avons proclamé les
Droits de l'Homme, et la Constitution du 13 décembre 1791, à laquelle elle sert de préambule,
dit, dans son titre Ier : « Le pouvoir législatif ne
pourra faire aucune loi qui porte atteinte et
mette obstacle à l'exercice des droits naturels et
civils consignés dans le présent titre et garantis
par la Constitution. »

Or, deux ans après, jour pour jour, le 13 sep-
tembre 1793, la Convention promulguait la loi
des suspects, qui était la négation même des

principes affirmés par la Déclaration des Droits de l'Homme.

Après avoir proclamé la charte de la liberté, nous avons subi le despotisme de la Convention, puis le despotisme du Consulat et de l'Empire. Si la Charte de 1814 reconnaît les principes de 89, le gouvernement de la Restauration essaie constamment de les violer. Si la Constitution de 1852 reconnaissait dans son article 1er les principes de 89, le second Empire les viola dans la pratique.

Aucune des libertés proclamées, ni la liberté politique, ni la liberté religieuse, ni la liberté de la parole, ni la liberté du travail, ne se sont trouvées hors d'atteinte.

La garantie nécessaire

D'où vient cette faiblesse? Voici justement le point grave. Nous avons proclamé des libertés sans penser suffisamment à les organiser. Il y a une part d'illusion étrange qu'on trouve dans les physiocrates, dans les philosophes du xviiie siècle, dans les hommes de l'Assemblée nationale de 1789: c'est la foi dans le prosélytisme de la liberté. Ils ont cru qu'il suffisait de proclamer des vérités; que ces vérités, une fois proclamées, existeraient par elles-mêmes, se suffiraient à elles-mêmes. Eh bien! non; ce n'est pas exact; il fallait sauvegarder ces libertés, leur donner des garanties. L'article du titre Ier de la Constitution de 1791 montre bien ce désir; mais ce désir n'a pas été réalisé, car il a manqué à cet article un organe pour le mettre en pratique.

En 1787, les États-Unis, établissant leur Constitution, se sont montrés beaucoup plus pratiques; ils ont eu soin de sauvegarder les droits qu'ils avaient proclamés. L'article 6 de leur Constitution contient la disposition suivante:

« Cette Constitution et les lois des États-Unis qui seront faites en conséquence composeront la loi suprême du pays.

» Les juges de chaque État seront tenus de s'y conformer, nonobstant toute disposition qui, d'après les lois ou la constitution d'un État quelconque, serait en opposition avec cette loi suprême. »

Le pouvoir judiciaire, institué par l'article 3 de la Constitution des États-Unis, est formé d'une Cour suprême et de Cours fédérales. Le pouvoir judiciaire s'étend à toutes les causes en matière de droit et d'équité qui s'élèvent sous l'empire de cette Constitution. Les juges américains n'ont pas à contrôler les législateurs; ils n'ont pas le moins du monde le rôle que voulaient s'arroger les Parlements sous l'ancien régime; seulement, quand un individu estime qu'une loi promulguée par le Congrès est en contradiction avec les principes de la Constitution, il peut résister à son application. On le traduit alors devant une des Cours fédérales ou devant la

Cour suprême, qui examine si la loi est en rapport avec les droits garantis par la Constitution; si cette loi est en désaccord avec elle, la Cour déclare que l'individu, avec juste raison, n'accepte pas cette loi. Je vais vous citer un exemple de cette manière de procéder. En 1868, une loi fédérale déclara que dans les chantiers fédéraux la journée de travail serait limitée à huit heures. On ne s'est pas soumis à cette loi, et la Cour fédérale a considéré que cette loi était une atteinte à la liberté du travail; que l'ouvrier est censé connaître les règlements et les accepter par le fait qu'il est employé et payé. Il en résulte que ce n'est pas la loi qui est appliquée, mais les *us* et *coutumes* des établissements dépendant du gouvernement des États-Unis. En 1878, l'État de New-York voulut essayer d'établir la même loi sur ses chantiers. La Cour fédérale de l'État de New-York répondit que les contrats privés primaient les arrangements d'autorité, que la loi était non exécutoire.

Je voudrais vous faire comprendre le rôle de la Constitution des États-Unis à ce point de vue, et quel doit être le rôle de la Constitution des États modernes.

Les Constitutions sont choses modernes et fort rares jusqu'au xix° siècle. Elles ne sont pas des renonciations de droits, selon la théorie fausse du *Contrat social;* elles sont au contraire l'affirmation de droits. Tel le *Bill of Rights* de 1689 en Angleterre, la Constitution des États-Unis de 1787, la Constitution française de 1791. Dans ces actes, les hommes mettent en commun certains intérêts; mais ils ont soin de spécifier ceux qu'ils entendent expressément se réserver, et ceux qu'ils se réservent prennent le nom de libertés.

Si vous donnez mandat à un voyageur de commerce de placer des marchandises, vous ne lui donnez pas mandat de percevoir les fonds de cette marchandise. Il faudrait alors lui donner un nouveau mandat. Si vous donnez à quelqu'un mandat de percevoir des fermages, vous ne lui donnez pas mandat d'aliéner ou d'hypothéquer vos propriétés. C'est le mandat limité. Eh bien ! le caractère distinctif, fondamental, de la Constitution des États-Unis, c'est la transposition au contrat politique des arrangements d'ordre civil et commercial; c'est la limitation du mandat : *Compagnie à responsabilité limitée (Company limited)*. Les statuts existent, le Conseil d'administration peut agir dans les limites des statuts; il n'a pas le droit de dépasser les limites que tracent ces statuts. Les statuts déterminent ce qu'il peut faire; il y a des choses qui ont été mises en commun, mais il y a des droits réservés. Ainsi, l'amendement 9 de la loi des États-Unis spécifie que « l'énumération faite, dans cette Constitution, de certains droits ne pourra être interprétée de manière à affaiblir ou à exclure d'autres droits conservés par le peuple ».

Par conséquent, en dehors de ce qui a été mis en commun dans les statuts, l'individu s'est réservé toute liberté d'action ; et si des législateurs essaient de porter atteinte à ces droits réservés, garantis par la Constitution, au point de vue soit de la liberté de conscience, soit de la liberté individuelle, soit de la liberté du travail, la décision qu'ils ont pu prendre est déclarée nulle par le pouvoir judiciaire, parce qu'ils ont outrepassé leur mandat.

C'est cette disposition qui a assuré la garantie de la liberté aux États-Unis ; et certes, si nous avions à reviser la Constitution française, la première chose qu'il y aurait à faire ce serait de déclarer comme en dehors des atteintes du législateur un certain nombre de principes : la liberté individuelle, comprenant la liberté des contrats de travail et d'échange ; la propriété individuelle ; l'égalité de tous devant la loi ; l'unité de la loi ; l'impôt réel et proportionnel. Il y aurait à fortifier en même temps le pouvoir judiciaire de manière qu'il puisse jouer le même rôle que la Cour suprême aux États-Unis. En France, nous avons la Cour de cassation, et il suffirait d'ajouter très peu de chose aux lois organiques qui la constituent pour qu'elle puisse jouer ce rôle, qui convient à des magistrats considérés, inamovibles, indépendants, sans ambition, parvenus à la plus haute magistrature. Cette indépendance du pouvoir judiciaire a été empruntée à la conception de Montesquieu de la séparation des pouvoirs, qui a joué un grand rôle dans la Constitution des États-Unis.

Le pouvoir judiciaire en France est trop faible; et l'une des premières choses que nous devons faire, c'est de le fortifier. Quand nous voyons dix-huit députés socialistes, l'année dernière, se réunir et sommer des magistrats de Toulouse de juger en leur faveur; quand nous voyons, la semaine dernière, tous les journaux socialistes se réunir et demander que la Chambre des requêtes de la Cour de cassation se prononçât, à propos de l'affaire Rességuier contre Jaurès, la *Petite République* et la *Dépêche*, dans le sens qui leur convient, il n'y a qu'une réponse à faire à ces injonctions, c'est d'assurer au pouvoir judiciaire plus de force, plus d'indépendance. Le juge de paix, actuellement, en France, peut être appelé à juger des questions d'arbitrage; il peut prendre des décisions d'une très haute importance : il faut qu'il soit sauvegardé, tandis que sa situation est précaire. Il ne faut pas demander des actes d'héroïsme quotidien à un magistrat, pas plus qu'à un fonctionnaire : il faut qu'il ait toute sécurité pour prendre ses décisions; il ne faut pas lui demander de risquer, de sacrifier sa carrière, l'avenir de sa famille, quand il doit simplement rendre la justice en toute indépendance. *(Applaudissements.)*

Conditions du gouvernement parlementaire

Si utile que nous paraisse cette nécessité de compléter ainsi notre Constitution, je n'en demande cependant pas la revision. Pourquoi? Non pas que la revision soit inconstitutionnelle, elle a été prévue avec juste raison, mais parce que ceux qui aujourd'hui réclament la revision de la Constitution la veulent non pour améliorer la Constitution, mais pour la détruire. Là est la grosse difficulté de notre situation politique. Toujours, en France, nous nous sommes trouvés en présence de partis inconstitutionnels dont la politique, ils le déclarent eux-mêmes, a pour but de changer la forme du gouvernement. Par conséquent, nous ne pouvons faire usage de l'article 8 de la loi organique du 25 février 1875, parce que consentir à aller à Versailles, c'est risquer une aventure à laquelle aucun homme sage, prudent, ne peut consentir actuellement. *(Approbation.)*

Partout, dans l'exercice du gouvernement parlementaire, nous nous heurtons à la même difficulté. Le gouvernement parlementaire ne peut exister qu'à une condition : la loyauté du parti qui est au pouvoir et des partis qui se trouvent dans l'opposition. C'est ce que les Anglais appellent le loyalisme, qui permet d'agir *fair play* (franc jeu). L'opposition est indispensable dans un gouvernement de discussion et de liberté; c'est un contrôle public. Les mesures sont prises par le gouvernement : l'opposition les discute; les électeurs jugent.

Le gouvernement parlementaire est l'application de la méthode expérimentale à la politique. Un parti prétend que telle mesure est bonne, l'autre s'y oppose. La mesure est prise. La répercussion se produit. Le corps électoral apprécie et paie pour ses erreurs ou bénéficie de sa perspicacité.

Mais pour que ces expériences puissent se faire régulièrement, il ne faut pas qu'il y ait d'explosions. Il faut que l'opposition se place sur un terrain constitutionnel et non pas sur un terrain révolutionnaire. Or, depuis 1876, nous avons vu ceux mêmes qui étaient à la tête du pouvoir, comme les hommes du 16 Mai, essayer de détruire la Constitution; nous avons vu des monarchistes, des bonapartistes essayer par tous les moyens, se livrer à toutes les coalitions pour renverser la République, comme la conspiration boulangiste; nous avons vu alors des gens qui se prétendaient républicains, les plus républicains de tous les républicains, recevoir des subsides de ces conspirateurs et travailler avec rage, en leur compagnie, à la destruction de la République.

Nous voyons encore des coalitions se former pour le même objet sur divers points de la France, et tout particulièrement à Bordeaux.

Dans ces conditions, le gouvernement parlementaire ne peut pas exister dans son intégrité; et
alors vous entendez des gens qui disent : « Le
gouvernement parlementaire est impuissant! »
Mais quelles sont ces personnes qui formulent
cette accusation contre le gouvernement parlementaire? Ce sont celles qui déclarent qu'elles
n'ont qu'un but : détruire ce gouvernement, et
qui, en attendant le moment où elles pourront y
parvenir, s'efforcent d'en empêcher le fonctionnement. Ces hommes réclament pour leur action
tous les bénéfices de la légalité, et en usent pour
détruire les institutions fondamentales du pays.
Ils peuvent former des coalitions pour renverser
les ministères; mais ils ne pourraient pas former
de gouvernement. C'est pour cela que nos ministères sont si fragiles. Des gens venant de l'extrême droite et de l'extrême gauche se réunissent à certains moments, culbutent le gouvernement, provoquent des crises en sachant qu'ils
n'auront pas le lendemain la charge du pouvoir.
Dans le jeu régulier du gouvernement parlementaire, l'opposition doit se préoccuper du
jour où elle pourra être appelée elle-même à
prendre le pouvoir; sinon elle tombera dans le
ridicule. Cette considération ne gêne pas les
partis inconstitutionnels; ils savent parfaitement
qu'un ministère ne peut pas comprendre des
hommes de l'extrême droite et de l'extrême
gauche, M. de Ramel et M. Jaurès, par exemple.
Dans ces conditions : la majorité républicaine

n'est pas très solide, très ferme, les ministères sont à la discrétion de partis d'opposition sans scrupules, parce qu'ils n'ont pas de responsabilité. C'est au milieu de ces difficultés que nous nous débattons depuis vingt ans. Prouvent-elles quelque chose contre le gouvernement parlementaire? Elles prouvent, au contraire, en sa faveur; elles prouvent la force de la Constitution actuelle, qui a pu résister aux assauts multipliés de tant d'ennemis, venus de tous côtés; elles prouvent que, quoique le gouvernement parlementaire n'ait jamais été appliqué dans sa vérité, il a, cependant, pu sauver la France des plus graves dangers. Il existe toujours, et nous devons nous y attacher de plus en plus. *(Applaudissements.)*

Utilité du ministère Bourgeois

Je dois dire que, sous certains rapports, nous avons eu le bonheur d'avoir un ministère d'opposition en 1895, le ministère Bourgeois. Mon ancien collègue, M. Bourgeois, est devenu président du Conseil. Je vous dirai qu'en le voyant arriver au pouvoir, j'avais certaines inquiétudes. M. Bourgeois est un esprit fin et prudent, un ancien préfet, un ancien préfet de police; c'est un homme qui, dans ses habitudes de vie et d'esprit, n'a rien de révolutionnaire. Je me demandais si son ministère serait assez caractéristique pour montrer le danger de la politique qu'il suivait. Je regrettais que, sans aller jus qu'aux socialistes révolutionnaires, il n'eût pas pris pour ses collaborateurs les inventeurs de l'union socialiste, MM. Goblet et Millerand. Par la force des choses, il a été entraîné à aller beaucoup plus loin qu'il ne le voulait : il est devenu de suite le prisonnier des socialistes, qui formaient l'appoint de sa majorité. Vous avez vu comme il interprétait la Constitution : il l'interprétait de telle manière que, lorsque, comme ministre, il est allé à Toulouse et à Marseille, lorsque, personnellement, il est allé, plus tard, à Grenoble et à Toulouse, ses partisans n'ont cru faire rien de mieux que de l'accueillir aux cris de : *A bas le Sénat!* Je suis très convaincu que ces cris lui ont été désagréables, mais ils caractérisent sa politique. Au point de vue de la justice, vous avez vu comment M. Ricard, garde des sceaux, entendait subordonner la justice à la politique et traitait l'indépendance des juges d'instruction. Au point de vue de la propriété, il a montré qu'il considérait l'impôt comme un instrument de spoliation, et au lieu de rappeler que tous les citoyens étaient solidaires dans les charges publiques, il a abouti à ce projet d'impôt personnel et progressif sur le revenu qui a provoqué un si profond mouvement d'inquiétude et de répulsion dans tout le pays quand il a donné cette formule de guerre sociale : « Dépensez : ce sera le châtelain qui paiera! » Le ministère

Bourgeois mettait en pratique la formule de M. Cavaignac : — Ouvrez la porte aux socialistes de peur qu'ils ne l'enfoncent!

Les socialistes sentaient qu'il leur préparait toutes les voies d'approche pour l'assaut qu'ils livrent à la société : ils considéraient M. Bourgeois et ses collaborateurs comme les ministres de la courte échelle.

Ils ont abouti à faire dans la Chambre actuelle, qui n'avait jamais eu de majorité, une majorité, mais contre eux.

Renversés du pouvoir, eux et leurs amis ont perdu, en partie, leurs moyens d'opposition. On l'a bien vu dans les diverses interpellations tentées, dans l'interpellation, par exemple, sur la politique extérieure. On ne pouvait frapper le ministère actuel, sans atteindre M. Bourgeois.

Mais, si M. Léon Bourgeois a fait beaucoup de mal, par les espérances qu'il a données, par le trouble qu'il a apporté dans les administrations, par les nominations qu'il a faites, il a fourni une preuve de l'utilité du gouvernement parlementaire. Il est évident que si le ministère actuel a une majorité plus solide que n'a eue, dans cette législature, aucun ministère, cette majorité a été faite par son prédécesseur. *(Applaudissements.)*

Les ministères homogènes
et la dissolution

Ce que représente le gouvernement parlementaire, c'est la concurrence ouverte, la concurrence des partis politiques, qui viennent s'affirmer devant le pays. Dans les gouvernements despotiques, la concurrence existe aussi; mais elle se fait dans l'ombre, par des moyens de police, de conspirations, d'intrigues de harem et de cour. Dans le gouvernement parlementaire, elle se fit à la tribune, par des projets de loi, par des interpellations, des discussions au grand jour. C'est un appel constant à tous les citoyens. Il faut que les citoyens l'entendent.

Deux conditions sont nécessaires pour que le gouvernement parlementaire puisse fonctionner régulièrement.

Vous avez vu en France des ministères qui sortaient les uns des autres; on les a appelés des ministères de débarquement, des ministères *télescopiques*. Ces mots pittoresques caractérisaient la situation. Impossible de se retrouver au milieu de la politique que suivaient ces ministères qui s'égrenaient, composés de membres qui sortaient un jour pour revenir le lendemain. Un parti ne se constitue pas dans ces conditions : il ne se constitue à la condition qu'il y ait un ministère homogène. Quand onze personnes, venant de points divers, se réunissent ensemble, elles peuvent ne pas être d'accord sur toutes les questions, mais les gouvernements ne sont pas chargés de résoudre toutes les questions à la fois. Un ministère doit se constituer sur un certain nombre de questions; et, une fois son programme arrêté,. il doit être complètement solidaire au point de vue de la politique générale; et, quand le ministère tombe, il doit tomber d'un bloc. Il ne doit pas y avoir de ministre qui se réserve pour l'avenir, qui cherche une combinaison dans un autre ministère : c'est la désagrégation des ministères. En admettant même qu'aucun ministre ne soit complice des intrigues qui peuvent se lier pour désagréger les ministères existants, si les ministères ne sont pas homogènes, il ne peut pas empêcher qu'elles ne se produisent. On oppose tel ministre à tel ministre avec le désir de faire une brèche dans le ministère, d'écarter les uns, de renverser les autres. C'est là une pratique contraire aux conditions du gouvernement parlementaire. C'est un ministère à infiltrations qui le désagrègent. Il se démolit lui-même.

Il y a une autre condition indispensable du fonctionnement régulier du gouvernement parlementaire : c'est la dissolution. En Angleterre, par exemple, la durée moyenne des législatures, qui sont nommées pour sept ans, a été, depuis 1800 jusqu'à nos jours, de trois ans et six mois. La durée moyenne des ministères a été égale-

ment de trois ans et six mois. Quand un ministère est mis en minorité, ou sent qu'il va être
mis en minorité, il en appelle au pays, qu'il fait
juge, et les électeurs prononcent. Vous com-
prenez dès lors que de la dissolution, moyen
régulier, dans le jeu des institutions parle-
mentaires, résulte une grande stabilité minis-
térielle. Un député, à l'heure actuelle, se dit :
« Je puis voter sans inconvénient contre le
ministère. Le ministère s'en ira, moi je resterai.
Je désarmerai, en votant contre tel ou tel ministère, tel membre du Comité électoral de mon
adversaire, qui pourrait me poser une question
gênante, si je votais dans ce sens-là. Je vais donc
voter comme ce membre du Comité de mon
adversaire voudrait que je votasse. De cette
manière-là, il ne pourra pas me poser de questions insidieuses. » Il culbute le ministère, et il
reste député. *(Rires.)*

Le Sénat est arrivé à jouer un rôle que n'avait
pas prévu la Constitution. Il y a un certain
nombre de députés qui se disent : « Je vais voter
de telle manière. C'est absurde ce que je vais
voter là ; mais le Sénat arrangera tout cela, et
mon vote n'aura, en réalité, aucune conséquence. » On culbute ainsi les ministères, ou
vote des propositions insensées et on égare
l'opinion publique et on institue l'anarchie gouvernementale. Si la dissolution était un rouage
normal, mis en pratique comme le prévoit la
Constitution actuelle, comme il est mis en pra-

tique en Angleterre, les députés apporteraient plus de sérieux dans leurs votes : la dissolution est l'écrou des majorités. *(Applaudissements.)*

Malheureusement, la dissolution faite, au 16 mai 1877, par le maréchal de Mac-Mahon, a plané sur tous les présidents de la République qui lui ont succédé. Aucun n'a essayé d'avoir recours à ce moyen constitutionnel. Mais il faut bien remarquer que la dissolution du 16 mai a été une dissolution personnelle de la part du maréchal de Mac-Mahon. Le ministère Jules Simon n'avait pas été mis en minorité par la Chambre. S'il eût été mis en minorité, le Président de la République eût pu en appeler au pays ; mais c'est le maréchal de Mac-Mahon qui, un beau matin, avec les hommes qui l'entouraient, a dit à la Chambre : « Vous ne me convenez pas. Allez-vous-en ; le pays jugera. » Le pays a jugé, mais contre lui. Ce n'est pas là une dissolution parlementaire : c'était une dissolution personnelle. *(Applaudissements.)*

Des moyens de fortifier nos mœurs politiques

Ce qui importe pour nous, c'est de fortifier la vie politique dans le Parlement par les pratiques que je viens d'indiquer ; c'est, en même temps, de chercher comment fortifier la vie politique dans le pays. On vous a répété souvent qu'il y a une chose très dangereuse en France : c'est l'abstention électorale qui augmente à chaque scrutin.

En 1877, le nombre des votants était de 8,012, soit 80 0/0 des électeurs inscrits ;

En 1889, de 7,953, soit de 77 0/0 ;

En 1893, il n'est plus que de 7,427, soit 71 0/0.

Il reste donc près d'un tiers des électeurs qui ne prennent pas part au scrutin. En 1893, il y a 4,513,000 voix obtenues par les élus, et 5,930 électeurs n'ont pas été représentés.

On propose des remèdes tels que le vote obligatoire. Je trouve que nous avons déjà bien assez d'obligations sans ajouter celle-là aux autres. *(Oui ! oui !)*

En Belgique, le vote est obligatoire. Or, voici le résultat : 111 catholiques, 29 socialistes et 12 libéraux. Voilà de quelle manière le vote obligatoire a constitué la Chambre des représentants de Belgique. Cette expérience ne doit pas nous encourager à avoir recours à un pareil moyen.

Pour fortifier la vie politique, on parle beaucoup de la décentralisation. C'est quelque chose que de donner à un grand nombre d'hommes l'habitude d'administrer les affaires communes, d'habituer les citoyens à se préoccuper des rapports des intérêts privés avec les intérêts publics, des répercussions que ceux-ci ont sur les rentes, à comprendre la responsabilité de l'Administration, les difficultés qu'elle peut présenter. Mais, cependant, Dupont-White a dit, à ce sujet, un mot pittoresque : « En administrant une petite commune on ne devient pas plus un homme d'État qu'en montant à âne à Montmorency on ne devient un cavalier. »

En tout cas, pour que la décentralisation devienne plus grande qu'elle n'est en France, il faut que les principes généraux de liberté des individus, de liberté du travail, soient sauvegardés d'une manière effective; que les administrateurs puissent encourir des responsabilités efficaces, s'ils abusent de leur autorité et s'ils dilapident les deniers publics en largesses et en subventions pour leur coterie électorale.

Nous avons, en France, 144 municipalités socialistes, sans compter Bordeaux *(rires)*; les municipalités de Saint-Denis, de Saint-Ouen, de Roubaix ont prouvé toutes les fantaisies auxquelles pouvaient se livrer des Conseils municipaux. Si les droits des citoyens ne sont pas fortement garantis, ils se livreraient à tous les excès de l'arbitraire. S'ils ont l'avantage de nous donner un avant-goût de ce que serait un gouvernement socialiste, ils n'en seraient pas moins de terribles machines d'oppression.

Le Conseil d'État a bien fait respecter la liberté du travail et des contrats, en annulant le cahier des charges imposé en 1887 aux entrepreneurs de travaux publics, par le Conseil municipal de Paris. Mais ce n'est pas suffisant.

Il y a deux autres grands instruments de la vie publique: la presse, la liberté de réunion et d'association.

La Presse

La presse est un instrument indispensable dans l'organisation des partis et la vie politique d'un pays de discussion. Les auteurs de la loi de 1881 ont eu la même illusion que les auteurs de la Déclaration des Droits de l'Homme. Ils n'ont pas prévu que, dans la liberté de la presse, il y aurait des gens qui ne verraient qu'un instrument de chantage, de diffamation et de calomnies. Ils ont donné aux journalistes des privilèges de toutes sortes, mais ils ont oublié la responsabilité. Certes, au point de vue des opinions, je suis partisan de la *propagande du poison,* pour me servir des termes de Paul-Louis Courier; mais quand vous voyez des publications ne vivre que de diffamations, de calomnies, d'excitations à la haine; quand vous voyez des appels incessants à la violence, des menaces directes adressées à des citoyens ou à certaines catégories de citoyens, les individus qui se livrent à ces actes doivent en subir les conséquences. Quoique je fusse loin de croire alors qu'on pût faire de la presse un pareil usage, j'ai soutenu, en 1881, que la presse n'était qu'un instrument; que les délits commis par son moyen devaient être placés sous le régime du droit commun et ne jouir d'aucun privilège; la prochaine Chambre devra s'occuper de cette question, dans un intérêt public. *(Applaudissements.)*

La législation de 1881 sur la presse a eu pour

conséquence d'éloigner de la vie publique beaucoup de citoyens qui y eussent joué un rôle utile. Beaucoup de gens ne veulent pas être candidats parce qu'ils ont peur qu'on ne recherche dans leur vie, dans celle de leur famille, de leurs parents, même de leurs collatéraux les plus éloignés, des faits plus ou moins faux; qu'on vienne troubler complètement leur existence et celle des leurs. *(Approbation.)*

La femme dit à son mari : « Comment ! tu vas te mettre dans cette bagarre? » Réellement, il faut avoir le cœur cuirassé pour risquer pareille aventure. Au point de vue du recrutement du personnel républicain, au point de vue de l'avenir de l'organisation des partis, au point de vue de notre vie politique, il est indispensable que la législation de la presse soit changée et que le calomniateur, que le diffamateur sachent que leur responsabilité sera effective. *(Approbation.)* Il faut non seulement que la juridiction change, mais il faut que nos mœurs changent aussi. Nous avons des vanités extraordinaires. Sous prétexte que l'honneur n'a pas de prix, nous demandons un franc de dommages-intérêts quand nous sommes calomniés. Ce n'est pas ainsi que les Anglais entendent la responsabilité. C'est par centaines de mille francs qu'ils demandent des dommages-intérêts; ils considèrent, avec juste raison, qu'ils ne sauraient estimer à un trop haut prix leur honneur; que celui qui l'a compromis doit payer pour les actes qu'il a commis. *(Applaudissements.)*

La liberté de réunion

Je vous parle de la presse; mais il en est de même pour les paroles prononcées dans les réunions. Nous faisons une réunion ce soir dans ce Cercle; mais il y a des mœurs telles qu'il est extrêmement difficile de faire des réunions publiques. Les socialistes ne comprennent la liberté de réunion que comme le droit d'empêcher de parler les orateurs qui ne sont pas de leur avis; quelquefois même ils vont jusqu'aux arguments contondants pour être sûrs d'avoir le dernier mot.

Le 3 juin 1886 eut lieu une réunion en l'honneur des assassins de Watrin, à propos de la grève de Decazeville; cette réunion avait pour orateurs MM. Jules Guesde et Paul Lafargue. Ils déclarèrent qu'il fallait *envoyer au mur* un certain nombre de personnes qu'ils désignaient nominativement. Je ne rappellerai parmi ces noms que celui d'un homme qui est mort, M. Léon Say, qui, à coup sûr, n'avait jamais rien fait dans sa vie, vouée tout entière à l'humanité, remplie d'actes de bienveillance, qui pût provoquer de féroces représailles. M. Jules Guesde en appelait au *fusil libérateur*. Ils furent poursuivis et traduits devant le jury. M. Lafargue termina sa défense en disant : « Quand nous serons le gouvernement, les financiers, nous les exécuterons ! » Le jury parut être de leur avis, car il les acquitta. Depuis, on n'a pas osé engager de poursuites pour les excitations de ce genre, bien que le 23 juin 1894, la veille même du jour de l'assassinat de M. Carnot, M. Jules Guesde se fût livré à des excitations du même genre.

De tels faits montrent non seulement la nécessité d'une réforme dans nos mœurs, mais la nécessité d'une réforme dans notre législation. *(Applaudissements.)*

La liberté du travail, les grèves et les syndicats

Je considère que des individus ont le droit de refuser de continuer de travailler à certaines conditions, comme un individu a le droit de quitter son patron si les conditions du travail ne lui conviennent pas. Mais je vous prie de retenir ce point: c'est que si *dix individus ont le droit de faire ce qu'un seul individu peut faire, ces dix individus n'ont pas le droit de faire ce qu'un individu ne pourrait pas faire.* Or, beaucoup de personnes croient que les droits augmentent en progression géométrique d'après le nombre des personnes réunies. Un individu ne pourrait pas quitter son employeur sans lui donner le délai d'usage, sans terminer le travail qu'il a entrepris. Autrement, en vertu de l'article 1780 du Code civil, il devrait lui payer une indemnité; mais s'ils sont dix, cent, mille, deux mille, on considère qu'ils ont le droit de quitter le patron, du jour au lendemain, de laisser le travail sans être achevé, de s'en aller, tout en ayant la prétention de rester attachés à l'établissement industriel et en protestant si l'exploitant leur dit : « Vous avez rompu le contrat de travail : par conséquent, il n'y a plus rien de commun entre vous et moi. »

Eh bien ! non ; ces grévistes sont soumis à l'article 1780 du Code civil revisé par la loi du 27 novembre 1890. De même qu'un employeur n'a pas le droit de congédier un de ses employés en dehors des us et coutumes ; de même dix, cent, mille ouvriers n'ont pas le droit de quitter leur employeur, en dehors des conditions qui règleraient le congé que pourrait donner l'un d'eux à son employeur.

Mais nous avons une si faible conscience de nos droits et une telle indifférence à les faire valoir, qu'il y a très peu d'employeurs qui osent se servir de l'article 1780. Et à propos d'une grève d'ouvriers qui avaient demandé à M. Raymond, chromo-lithographe à Paris, de mettre à pied un des leurs qui avait donné sa démission du Syndicat, l'un des grévistes vint rectifier quelques inexactitudes de détail à propos du récit que j'en avais fait. Je causai avec lui. « Nous croyions, me dit-il, que M. Raymond serait un patron ordinaire ; mais c'est un artiste, il nous a trompés en refusant de céder. » *(Rires et applaudissements.)*

Eh bien! il faut que de pareilles convictions disparaissent.

Qu'un individu interpelle un ouvrier qui se rend à son travail et lui dise :

— Je te défends de travailler!

L'interpellé lui répondra :

— De quel droit? Je ne vous connais pas.

Si, au lieu d'un individu, il en trouve dix, il en trouve cent, il en trouve mille, ces dix, ces cent, ces mille auront-ils davantage le droit de lui intimer l'ordre de ne pas travailler?

S'il le menace ou le frappe, cet individu serait poursuivi pour délit. Mais si vingt, cent, mille se jettent contre un individu pour l'empêcher de travailler, on est plein d'indulgence pour eux; le délit est collectif et on trouve des circonstances atténuantes; on ne poursuit pas, ou les condamnations sont dérisoires; puis on demande une amnistie; si le ministère refuse l'amnistie, il fait grâce. Il décourage les agents de police, les gendarmes, les fonctionnaires, les magistrats, qui considèrent qu'ils seraient bien imprudents de se compromettre en faisant leur devoir pour être désavoués après. Et qui souffre de cette faiblesse? L'ouvrier indépendant, l'ouvrier qui ne veut pas s'inféoder à un groupe de meneurs. On frappe en lui la liberté du travail. Un homme n'a pas le droit de dire à un autre : « Je t'interdis de travailler, parce qu'il me plaît de ne pas travailler. » Dix hommes, cent hommes, mille hommes n'ont pas plus le droit de tenir ce langage à un individu ; et, s'ils veulent agir par contrainte, leur nombre, loin d'atténuer le délit, l'aggrave. *(Applaudissements.)*

La loi de 1884 sur les syndicats a constitué la liberté d'association simplement pour des intérêts professionnels, au lieu de donner plus d'extension à la liberté d'association. Nous avons montré la même imprévoyance que nos pères de 89. Nous avons constitué des associations sans responsabilité : elles doivent donner simplement le nom de leurs administrateurs. Combien ? Plus d'un, voilà tout, puisque le mot « administrateur » est au pluriel dans la loi. Deux personnes viennent à la mairie, déclarent qu'elles forment un syndicat ; et le gouvernement n'a aucune espèce de moyen légal de connaître l'importance de ce syndicat ; il n'a aucun moyen légal de savoir quels sont les actes de cette Société. En même temps, la loi investit de la personnalité civile ces deux personnes qui sont venues déclarer qu'elles constituaient un syndicat. En réalité, c'est donner la personnalité civile à une Société secrète. Ce n'est pas seulement dangereux au point de vue politique ; car ces deux individus peuvent commettre des escroqueries, ils peuvent dire : « Nous représentons cent, mille, deux mille personnes. » On n'en sait rien, on ne connaît qu'eux deux. M. Jules Guesde a dit, au Congrès de Londres : « Qu'est-ce qu'un syndicat ? C'est un timbre de vingt-cinq sous ! » Sans aller si loin, on peut dire actuellement que nous ne savons rien de l'importance des syndicats. Le gouvernement ne peut pas savoir quelle est leur valeur. Je considère que les individus doivent avoir le droit de s'associer, mais que ce droit doit avoir comme sanction la publicité. C'est la manière de moraliser les associations et de faire évanouir l'importance de gens qui prétendent parler et agir au nom de milliers de personnes, quand ils ne parlent qu'en leur nom. En Angleterre, la publicité est la condition de l'existence des Trade-Unions, et leurs actes sont soumis à l'enregistrement.

La Liberté d'association

Ce que je demande pour les syndicats, pour toutes les associations, c'est le droit commun. De même que ce qui est interdit à un seul n'est pas permis à plusieurs, c'est une erreur de considérer que dix, cent, mille, dix mille individus n'ont pas le droit de faire ce qui est licite pour un individu. Je considère qu'ils ont le droit de s'associer pour poursuivre un objet légitime, pour étudier des questions, pour défendre leurs droits. Ce qui est licite pour un est licite pour plusieurs. S'ils ne font que des actes légitimes, pourquoi les dissimuler et les cacher? Non seulement il faut qu'il y ait la liberté des syndicats, mais il faut qu'il y ait une liberté d'association plus large. Turgot a dit : « Lorsque des individus appartenant à une même profession se réunissent, ces individus conspirent toujours contre l'intérêt général. » Ces paroles, qui remontent à un siècle et demi, sont toujours exactes, aussi bien pour les syndicats patronaux que pour les syndicats ouvriers. Il faut qu'il y ait d'autres associations qui puissent se constituer et agir de manière à réunir les intérêts fractionnés ; qui empêchent que la nation se divise en deux armées opposées : syndicats de patrons d'un côté et syndicats ouvriers de l'autre ; qui les réunissent à certains moments dans une agglomération qui n'ait pour but que les intérêts généraux.

Et que sont ces associations, sinon des partis politiques ?

Il faut que nous ayons de puissantes organisations politiques dans lesquelles il ne sera plus question ni de patrons, ni d'ouvriers, ni d'intérêts opposés les uns aux autres, ni d'intérêts fractionnés, mais des intérêts généraux du pays.

Actuellement, nous avons des associations politiques, l'*Association républicaine,* par exemple, qui a pour président M. Audiffred, et pour *leader* M. Waldeck-Rousseau ; l'*Union libérale républicaine,* qui a pour président M. Barboux, qui prouve qu'un citoyen peut se dévouer aux affaires publiques sans être ni sénateur, ni député, ni candidat. Mais ce sont des associations précaires, parce que, l'article 291 du Code pénal existant toujours, elles ne peuvent pas s'organiser au point de vue de la possession ; qu'elles ne peuvent pas avoir d'existence légale. En Angleterre, les associations politiques peuvent avoir une existence légale à la condition de la publicité.

Alors que, nous, nous n'osons pas aborder cette question de la·liberté d'association, voyez à quelles conséquences singulières nous aboutissons ! A Paris, la Bourse du Travail occupe un palais qui a coûté trois millions ; les syndicats qui y sont installés reçoivent du budget municipal une large subvention. Au fond, qu'est-ce que cette Bourse du Travail? C'est une association politique qui n'a qu'un but : préparer les élections. De sorte que nous arrivons à ce merveilleux résultat, c'est que, ne permettant pas à des partis politiques de former des associations libres, nous subventionnons en même temps, aux frais des contribuables, un Comité électoral comme celui de la Bourse du Travail de Paris. Il a déjà prouvé son efficacité. Quand, en 1893, on vit apparaître comme députés de Paris des hommes comme Groussier, Faberot, Chauvin, ou se demanda : d'où sortent-ils? Ils sortaient de la Bourse du Travail. Il y a quarante-deux autres Bourses du Travail en France, qui, toutes, se ramifient. C'est aux frais des contribuables, à nos frais, que nos adversaires politiques préparent les élections de 1898. *(Applaudissements.)*

Je sais bien qu'il y a une autre question qui

nous empêche d'aborder la liberté d'association avec toute liberté d'esprit : c'est la question religieuse. Mais, en réalité, à quoi avons-nous abouti? Vous vous rappelez les décrets du 29 mars 1880. Vous savez ce qu'ils sont devenus dans la pratique. Et si M. Bourgeois dénonce aujourd'hui le péril clérical, il n'a pas essayé de les ressusciter. Au point de vue des associations religieuses, nous.en restons à un régime de tolérance qui est pire que le régime légal.

Il faut nous dire que si nous voulons fonder un gouvernement libéral en France ; si nous voulons avoir des institutions dignes d'un gouvernement de discussion, il ne faut ni craindre ni favoriser nos adversaires : il faut leur donner le droit commun. *(Applaudissements.)*

Je sais bien qu'au point de vue libéral nous avons une grande faiblesse ; nous faisons appel à l'énergie des gens au lieu de faire appel à leur paresse ; nous ne leur promettons aucune espèce de paradis qu'ils ne pourraient obtenir sans difficulté ; nous leurs disons : « Il faut que vous agissiez ; c'est la condition même de la liberté. » Les Anglais ont l'habitude de répéter que la liberté est le prix d'une incessante vigilance. Nous ne devons pas avoir peur de la liberté des autres, à la condition que nous sachions nous-mêmes pratiquer la liberté. Nous devons, comme le rappelait M. Aynard à la réunion de l'Union libérale du 2 juin, considérer la politique comme une assurance sociale ; nous devons faire le sacrifice de notre temps, de notre argent, pour sauvegarder nos intérêts particuliers au point de vue de la direction générale des affaires du pays. Le parti libéral est le parti du devoir civique. Beaucoup trop de gens en France se considèrent comme des espèces de colis passifs que le gouvernement prend en charge et doit transporter vers une destination inconnue. C'est la conception des peuples esclaves; ce n'est pas la conception des citoyens libres. (*Applaudissements.*)

L'école dure pour les contribuables

Le parti libéral, ai-je dit, a une grande faiblesse à l'égard des autres partis. Il veut être économe des deniers des citoyens; il considère que l'État n'a pas une fortune propre dans laquelle il puisse puiser indéfiniment; il considère que la fortune de l'État n'a pas d'autre source que les ressources des contribuables; que si l'État donne aux uns, il commence par prendre aux autres. Il dit aux citoyens que l'État ne peut pas intervenir dans la répartition des fortunes, sous peine de risquer de commettre une spoliation; qu'il ne peut être généreux qu'au détriment des autres; il dit que l'État moderne ne peut plus pratiquer la politique de grâces et de faveurs, que Michelet a si bien montrée, dans son introduction de l'*Histoire de France,* comme l'apanage de l'ancien régime, tandis que c'est la politique de justice qui doit être la caractéristique du régime républicain. C'est là ce qu'oublie M. Bourgeois quand, dans un de ses discours, répétant la formule de l'Évangile : « Aimez-vous les uns les autres, » il ajoutait « par l'intermédiaire du gouvernement ». Le conseil moral de bienveillance réciproque aboutit à cette formule : « Contraignez les uns à donner aux autres. » C'est sur cette injonction que se résume la solidarité obligatoire dont parle si souvent M. Bourgeois. D'après sa théorie de la dette native, il prononce un arrêt d'après lequel nous sommes solidairement responsables de dommages-intérêts qu'il prélève au profit de qui? de ceux dont il veut flatter les préjugés et les appétits. Cette solidarité coercitive ne peut que provoquer les exigences des bénéficiaires et la résistance de ceux qui n'entendent pas être dépouillés au profit d'une clientèle plus ou moins intéressante.

Voyez avec quelles difficultés même les gens les mieux intentionnés se dégagent de ces préjugés. Vous avez pu suivre la semaine dernière une discussion extrêmement intéressante sur les sociétés de secours mutuels. La nouvelle loi constituait un progrès en reconnaissant les sociétés libres, en permettant aux sociétés autorisées d'employer jusqu'aux trois quarts de leur capital dans des immeubles, en augmentant la liberté de leurs placements. La loi marchait très bien ; on était arrivé au dernier moment;

M. Ricard proposa alors de garantir aux fonds placés par les sociétés de secours mutuels sur l'État un revenu de 4 1/2 %. La Commission résista ; au bout de huit jours, on a fini par voter cette garantie de revenu de 4 1/2 %, de sorte que le bénéfice qu'on attendait de la loi est supprimé. Il est évident qu'avec une pareille garantie de revenu, les sociétés de secours mutuels ne se préoccuperont pas de placer leur capitaux ailleurs que dans les fonds d'État ; et alors qu'on avait voulu augmenter les facultés de prévoyance, habituer les administrateurs des sociétés de secours mutuels à discuter leurs placements, à faire œuvre d'administration intelligente et non d'administration automatique, alors qu'on avait voulu dégager l'État du fardeau de la dette des fonds placés par les sociétés de prévoyance, on en est arrivé à dire à ces sociétés : « Ne placez vos fonds qu'en rentes sur l'État ; désintéressez-vous de tout autre placement. » En agissant ainsi, qu'est-ce qu'on fait en réalité de ces sociétés de prévoyance? On en fait des sociétés de mendicité : c'est l'esprit mendiant qu'on développe chez elles.

Et pourquoi? Parce que cent individus placent leurs fonds en commun, ont-ils plus droit à une part de l'impôt qu'un individu isolé? Avez-vous le droit de me dépouiller parce que vous êtes dix, tandis que je suis seul? C'est la mise en pratique du droit du plus fort, en est-il plus légitime?

Vous n'avez pas le droit de prendre à des contribuables isolés pour donner à des contribuables associés. Réfléchissez que si les membres des sociétés de secours mutuels sont intéressants, le paysan qui travaille pour acheter un lopin de terre, pour se construire une cabane pour abriter ses vieux jours, est aussi un personnage intéressant, quoique isolé. Si vous venez prendre une part de son impôt pour le donner à des individus qui n'ont eu que le mérite de s'associer, vous le frappez d'une manière inique.

De même, pour les sociétés coopératives, on considère qu'il est légitime qu'on décharge ces sociétés de l'impôt que doivent payer des contribuables à qui elles font concurrence; de plus, on inscrit au budget du Ministère du Commerce une subvention aux sociétés coopératives de production. La subvention n'est pas bien forte — elle est de 180,000 francs sur le budget de la France, — mais c'est le principe qui est détestable. Voilà des personnes qui s'associent pour faire œuvre d'industrie ou de commerce; elles en ont parfaitement le droit, elles ont parfaitement raison si elles y trouvent leur intérêt; mais le petit commerçant, le petit patron, qui est assujetti à toutes les obligations du contribuable, doit-il donc être dépouillé à leur profit? Doit-il payer patente pour subventionner ses concurrents? Et pourquoi cette faveur? Parce que sept personnes, nombre suffisant pour former une société coopérative, se seront associées.

Messieurs, il faut que nous revenions à cette règle qui a été formulée dans la Déclaration des Droits de l'Homme : Le *citoyen ne doit d'impôt qu'à l'État;* il ne doit d'impôt à l'État que pour les services publics et non pas pour subventionner d'autres personnes. Si, actuellement, au point de vue protectionniste, nous sommes obligés d'attendre une certaine période avant que le pays ne se soit dégagé de ce préjugé, que sous forme de protection, le consommateur doit payer beaucoup d'impôts à des producteurs et à des propriétaires, au moins, au point de vue intérieur, tenons-nous fermes à ce principe; empêchons ces générosités, auxquelles les députés ont une tendance à se laisser aller, de mettre le budget au pillage pour donner tantôt à celui-ci, tantôt à celui-là. Ensuite ils viendront parler d'économies! Ils adorent les économies en bloc; ils les méprisent profondément en détail. *(Rires.)*

J'approuve complètement la résolution proposée dans le programme de l'*Union libérale* et qui serait excellente : ce serait que les députés prissent l'engagement de faire ce qu'ont fait les Anglais en 1706.

En 1706, la Chambre des communes, sans y avoir été provoquée en rien par la Couronne, pour mettre un frein aux dilapidations qui pouvaient provenir de l'initiative de ses membres, a déclaré qu'aucun crédit ne pourrait être voté que sur la demande du Gouvernement et que les crédits proposés par le Gouvernement ne pourraient être augmentés par le Parlement. Pour atténuer les effets de cette mesure, on a essayé, à plusieurs reprises, de ruser, mais on n'y est pas arrivé ; et le 15 juin 1837, la Chambre des communes refusa de recevoir le rapport d'une Commission nommée par elle, par ce seul motif que le document contenait la recommandation de payer une somme d'argent non réclamée par le Gouvernement.

Le *Standing orders,* du 20 mars 1866, donne la formule suivante de cette règle :

« Cette Chambre ne recevra aucune pétition pour aucune somme relative aux services publics, on n'examinera aucune motion tendant à un vote de subsides ou une charge sur les revenus publics, payables au moyen des fonds consolidés ou sur les sommes à fournir par le Parlement, autrement que sur la recommandation de la Couronne. »

Si nous voulons mettre une limite à l'augmentation de notre budget, la Chambre des députés devra faire œuvre de prudence en prenant une résolution de ce genre ; et les électeurs doivent demander à leurs candidats de s'engager à voter cette résolution.

Pas de concessions

J'ai indiqué en quelques grandes lignes quelles sont les conditions d'un gouvernement libéral ; je m'en tiendrai à ces grandes lignes-là. Je crois qu'il n'y a rien de plus dangereux pour la vie politique d'un pays que ces programmes de détail que vous voyez s'allonger dans toutes les élections. On cherche à faire des menus politiques; on met un plat pour celui-ci, un plat pour celui-là; on cherche le goût de chacun; on fait un amalgame de choses disparates; mais, en réalité, ce n'est pas de la politique. Un parti ne peut se constituer qu'à la condition de se mettre d'accord sur un certain nombre de grandes lignes. Certainement, nous ne pouvons pas être d'accord sur tous les points; nous avons entre nous des différences d'instruction, d'éducation, de religion, de philosophie, de tempérament, de climat. Ce qui importe pour la vie politique d'un pays, c'est que des citoyens se groupent, se mettent d'accord sur trois ou quatre points, soit pour conserver, soit pour détruire, soit pour réaliser; qu'on sache vers quel but on va. Voilà ce qu'il importe de faire; voilà ce dont, dans les élections prochaines, tous les citoyens qui ont souci de l'avenir du pays, devront se préoccuper.

M. Léon Say disait dans un des derniers discours qu'il a prononcés à la Chambre, « qu'il y a des jours où l'on peut faire des concessions et d'autres où elles tuent. » Quand on est fort, on peut accepter une expérience contraire à ses principes; quand les adversaires sont forts, alors il ne faut accepter aucune concession. Ce qui serait acte de générosité d'esprit dans le premier cas, devient acte de faiblesse dans le second. Par conséquent, toute concession faite aujourd'hui aux socialistes est dangereuse, parce qu'ils considèrent cette concession comme un précédent arraché à leurs adversaires : ils en font une arme pour augmenter leurs prétentions.

Le 12 novembre 1894 s'est engagée une grande discussion théorique sur le collectivisme; et, pour répondre aux collectivistes, on a commencé par célébrer toutes les mesures socialistes votées par le Parlement ou par promettre le vote de celles qui sont en préparation. Eh! ce n'est pas le collectivisme qui est le danger actuel : les socialistes ne le prennent que comme panache; mais ce qui est dangereux, c'est la législation socialiste qui se fait chaque jour, c'est la préparation à la conquête du pouvoir par les socialistes. MM. Lafargue et Jules Guesde ne demandent pas du jour au lendemain l'application d'un communisme complet, qu'ils laissent dans un vague commode. Mais ils demandent immédiatement le repos d'un jour par semaine pour tous les salariés; la réduction légale de la journée de travail à huit heures; un minimum légal des salaires; l'interdiction de l'emploi des ouvriers étrangers à un salaire inférieur à celui des ouvriers français; la mise à la charge de la société des vieillards et des invalides du travail; la responsabilité des patrons en matière d'accidents, garantie par un cautionnement versé par l'employeur dans les caisses ouvrières; l'intervention des ouvriers dans les règlements spéciaux des divers ateliers; la suppression des amendes; la reprise par l'État de la Banque, des chemins de fer, des mines; l'impôt progressif sur les revenus dépassant 3,000 francs; la suppression de l'héritage en ligne collatérale et de tout héritage en ligne directe dépassant 20,000 francs.

Ce n'est pas la peine de combattre le collectivisme, si on commence par concéder points par points ce programme socialiste qui, ruinant la liberté du travail, est l'expropriation en détail des industriels et des propriétaires. *(Applaudissements.)*

Malheureusement, il faut bien dire que si nos législateurs n'ont pas montré une très grande force de résistance au point de vue de la doctrine, ils en ont montré encore une plus faible au point de vue politique.

Je vous demande la permission de retenir quelques minutes encore votre bienveillante attention pour vous faire passer, d'un coup d'œil, l'examen de conscience de la législature actuelle. La première question politique qui s'y est posée, c'est celle de l'amnistie, le 4 décembre 1894, sur la proposition de MM. Paschal Grousset et Ernest Roche. Cette proposition réunit les voix de 215 républicains qui s'exposaient à une crise politique, et 9 voix de la droite. La majorité se composa de 257 voix, dont 205 républicains, 52 ralliés et membres de la droite. De sorte que du premier coup, dans la Chambre, il y eut une majorité de

voix républicaines, en comprenant les socialistes,
les néo-boulangistes qui, immédiatement, montrè-
rent l'incapacité de former un parti de gouvernement. MM. Brisson, Bourgeois, Lockroy étaient
parmi les 215 républicains qui votèrent l'amnistie. Ce premier vote était symptomatique.
Partout nous avons retrouvé à tout instant la
même incohérence. Si, à certains moments, elle
s'est mitigée, ce n'est point une preuve d'énergie
de la Chambre. Le samedi 9 décembre, — huit
jours après le vote sur l'amnistie, — Vaillant jette
sa bombe dans la salle des séances du Palais-
Bourbon.

Alors, une majorité gouvernementale se forme;
le lundi 11 décembre, le gouvernement présente
un projet de loi sur la presse, aggravant le projet
Loubet, déposé plus d'un an auparavant; ce projet est adopté par 413 voix contre 63. Le 14 décembre a lieu la discussion de la résolution Basly
sur les grèves du Nord et du Pas-de-Calais. La
première partie est repoussée par 386 voix contre
124; la deuxième, par 345 contre 165. Le 15 décembre se produit la discussion sur les déten-
teurs de substances explosibles. Immédiatement,
391 voix se réunissent contre 121 : la majorité est
très solide. Mais on oublie la bombe Vaillant, quoi-
qu'il y ait une série d'explosions anarchistes. Le
16 janvier 1894, la majorité vota un amendement
proposé par M. Jaurès à la suite d'un discours
dans lequel il disait : « Nous ne distinguons pas
entre les capitalistes terriens et les autres. » Et,

pour remercier la Chambre, il cria: «Vive la Commune!» avec Thivrier et les autres socialistes. Le 8 mars 1894, l'ordre du jour Jaurès en faveur des anarchistes réunit 223 voix contre 257, la même proportion qu'au 4 décembre. Puis, à tout instant, nous retrouvons 200 voix pour les propositions socialistes : 206 voix pour la proposition Goblet, tendant à la revision de la Constitution; 214 voix contre l'autorisation de poursuites contre le député Toussaint. Le ministère Casimir-Périer est renversé par 251 voix contre 217 à propos des Chemins de fer du Sud. L'assassinat du président Carnot a lieu; alors on retrouve une majorité pour la loi du 28 juillet 1894; le lendemain, les socialistes font un manifeste, qui est un appel insurrectionnel au pays; un mois après, les radicaux-socialistes s'y associent. Le 30 novembre, M. Jaurès peut dire à la Chambre : « J'ai été votre maître hier! » Le 14 janvier 1895, le ministère Dupuy est renversé à propos d'un arrêt du Conseil d'État sur la convention avec les Compagnies d'Orléans et du Midi. Une crise présidentielle imprévue en résulte; et le 3 février on trouve 270 voix pour la proposition Millerand sur la Commission d'enquête dirigée contre M. Raynal, au sujet des conventions avec les Compagnies de chemins de fer, et le jour où il est appelé avec M. Pelletan à venir déposer, ces deux députés se bornent à dire : «Nous avons accusé, c'est à vous de faire la preuve! » Et ces hommes avaient obtenu la majorité de la Chambre! Le

28 octobre, à propos de l'arrêt de la Cour d'assises sur les Chemins de fer du Sud, M. Rouanet renverse le ministère Ribot. Enfin, vient le ministère Bourgeois. Il est renversé non par la Chambre actuelle, mais par la fermeté du Sénat. Néanmoins, le 26 mars, il a obtenu 9 voix de majorité pour l'impôt sur le revenu, avec une équivoque: la majorité croyait dégager sa responsabilité en réservant la déclaration, comme si l'impôt sur le revenu pouvait être perçu sans inquisition! *(Applaudissements.)*

Il faut que, dans la prochaine Chambre, la majorité ne soit pas aussi vacillante, aussi facile à renverser, à se laisser influencer par les socialistes; il faut qu'il y ait une majorité solide. Cette majorité dépend des électeurs; mais il est du devoir de tous les hommes qui peuvent avoir quelque action sur l'opinion publique de poser nettement les questions, de manière qu'il n'y ait pas de sous-entendus, d'équivoques, et de ne céder à aucune complaisance à l'égard des opinions que nous devons combattre. Il faut, par conséquent, que les candidats qui se présenteront aux prochaines élections combattent formellement tout empiètement de l'État, sous quelque forme qu'il se présente; il faut qu'ils s'engagent à faire de la politique de résistance pour sauvegarder la liberté! Ah! vous l'avouez donc, nous dira-t-on : «Vous faites de la politique de résistance!» Nous ne l'avouons pas; nous le proclamons. Certainement il faut faire une politique de résistance contre la tyrannie socialiste quotidienne et contre tous ceux qui voudraient vous entraîner vers la Révolution sociale. Le devoir de tout homme d'État, c'est de savoir, prévoir, vouloir, agir et résister. C'est une grosse erreur de croire que la politique de liberté est une politique de faiblesse. Rien de plus faible que les gouvernements tyranniques des despotes orientaux. Un gouvernement est oppresseur quand il veut s'ingérer dans tous les actes de la vie des individus; quand ceux-ci n'ont d'autres garanties contre l'arbitraire que la faveur des administrateurs et des gouvernants. Un gouvernement libéral est celui dont les attributions sont nettement délimitées. Il ne veut pas faire tout, mais les devoirs qui lui incombent, il les remplit sans hésitation, sans faiblesse, également envers tous. La liberté ne consiste pas dans la faiblesse du gouvernement : elle est dans la limitation de ses attributions. Le gouvernement ne doit faire que le nécessaire, mais le bien faire. Il doit garantir la liberté d'action et la sécurité de l'individu. Nous avons pour idéal : le citoyen libre dans le gouvernement fort.

Rappelons-nous que, selon la théorie de Quesnay, de Turgot, de Mirabeau, de Benjamin Constant, de Guillaume de Humboldt, de Laboulaye, de Cobden, de John Bright, de Herbert Spencer, des hommes de l'Assemblée nationale qui rédigèrent la Déclaration des Droits de l'Homme et de tous les libéraux qu'ils ont inspirés; selon la pratique des peuples qui ont su instituer, maintenir et développer, par des moyens constitutionnels, leurs libertés, l'État a tout d'abord pour devoir de ne rien faire de ce qui peut diminuer l'initiative et la responsabilité individuelles. Il ne doit jamais agir que dans l'intérêt de tous. Il ne doit se livrer à aucune entreprise en vue d'un gain. C'est là son devoir négatif, qui n'est pas le moindre. Mais il a un devoir positif qui exige les plus hautes qualités de capacité, de volonté, d'indépendance et d'énergie : il doit gérer les intérêts communs à tous, qui ne peuvent être divisés sans être détruits ; la sécurité extérieure et intérieure. Les socialistes internationalistes font bon marché de la première, en même temps qu'ils veulent qu'on leur livre la seconde.

Mais leur manière d'agir nous rappelle sans cesse que des atteintes à la liberté d'action d'autrui appellent l'intervention d'une puissance autre que celle de l'individu. Ici la contrainte est nécessaire pour empêcher une contrainte pire. Alors l'État a le devoir d'intervenir, comme il a le devoir d'intervenir pour assurer l'exécution des contrats librement discutés et consentis. Un citoyen ne se sent libre que s'il a la conviction que les pouvoirs publics sauront protéger sa sécurité contre les entreprises individuelles ou collectives. *(Applaudissements.)*

Il faut choisir !

Messieurs, M. de Marcère rappelait récemment qu'au lendemain de la guerre, sous l'Assemblée nationale qui se réunit tout d'abord à Bordeaux, la question de politique intérieure qui dominait toutes les autres était : République ou Restauration.

Aujourd'hui se pose celle-ci : République ou Révolution sociale! Et on ne peut dire que ce soit là une exagération d'antithèse, quand nous voyons si souvent, dans la Chambre actuelle, de 170 à 180 députés, quelquefois plus, suivre docilement les injonctions des socialistes; quand M. Ranc célèbre la concentration socialiste et déclare nettement qu'il voterait pour M. Jaurès. Il est vrai que ce ne serait qu'à un second tour de scrutin; mais si, grâce à sa voix, M. Jaurès était élu, en ferait-il une politique socialiste moins dangereuse?

Messieurs, deux politiques bien nettes sont en présence.

D'un côté, la politique de concentration socialiste; d'un autre côté, la politique libérale constitutionnelle. Il faut choisir sans équivoque; il faut ou adopter la politique de concession, dupe ou complice de la politique de mendi-

cité et de servitude, de spoliation et d'oppression, ou adopter la politique de défense de la
propriété et de la liberté! *(Applaudissements
prolongés.)*

Sténographie de **M. A. FOURNIAL,**

Secrétaire du Cercle.

Bordeaux. — Imp. G. GOUNOUILHOU, rue Guiraude, 11.

www.ingramcontent.com/pod-product-compliance
Ingram Content Group UK Ltd.
Pitfield, Milton Keynes, MK11 3LW, UK
UKHW051845140726
13696UKWH00007B/1546